TOUT AU SUDET DU GARCON QUI AVAIT PEUR DU NOIR

"French translation of the English Version"

(Et COMMENT IL S'EN EST SORTI)

Par:

Ann Marie Hannon

Auteur de la série "Puffy et le Redoutable Ennemi" des petits chatons

A "KIDS WITH WORRIES" BOOK ®

1

TOUT AU SUJET DU GARÇON QUI AVAIT PEUR DU NOIR

droits d'auteur © 2023 by **Ann Marie Hannon**

Tous les droits sont réservés. Aucune partie de ce livre ne peut être reproduite ou transmise, téléchargée, distribuée, rétro-ingénierie, ou stocké ou introduit dans tout système de stockage et de récupération d'informations, sous quelque forme ou par quelque moyen que ce soit, y compris la photocopie et l'enregistrement, qu'ils soient électroniques ou mécaniques, actuellement connus ou inventés ci-après sans l'autorisation écrite de l'éditeur.

AVIS DE NON-RESPONSABILITÉ : Le contenu de ce travail, y compris, mais sans s'y limiter, l'exactitude des événements, des personnes et des lieux représentés ; opinions exprimées; autorisation d'utiliser des documents précédemment publiés inclus ; et tous les conseils donnés ou actions préconisées sont de la seule responsabilité de l'auteur, qui assume toute responsabilité pour ledit travail et indemnise l'éditeur contre toute réclamation découlant de la publication du travail.

Imprimer les informations disponibles sur la dernière page.

Pour commander des exemplaires supplémentaires de ce livre, veuillez contacter :

MAPLE LEAF PUBLISHING INC.
www.mapleleafpublishinginc.com

Renseignements généraux et service à la clientèle
Phone: 1-(403)-356-0255

Email: info@mapleleafpublishinginc.com

ISBN Hardback: 978-1-77419-189-7
ISBN Paperback: 978-1-77419-188-0
ISBN eBook: 978-1-77419-187-3

Aider les enfants à apprendre avec ce livre

Ce livre est un outil d'apprentissage interactif qui peut être utilisé de différentes manières.

Vous pouvez:

- Lire ce livre à haute voix à votre ou vos enfants.
- Discutez de ce que Patrick a fait qui était utile ou une bonne idée.
- Demandez à votre enfant de raconter à nouveau l'histoire dans ses propres mots.
- Demandez à votre enfant de choisir sa partie préférée de l'histoire et de vous dire pourquoi il s'agit de sa partie préférée.
- Vous serez surpris de voir à quel point tout le monde peut s'amuser en racontant des histoires.

Patrick avait presque deux ans, quand juste avant la fête de Son deuxième anniversaire, quelque chose d'étonnant s'est produit!

Patrick a découvert qu'il avait peur du noir, et ceci s'est produit à minuit le 12ème jour du 12ème mois.

Cela s'est produit alors que tout le monde dans la maison était endormi, Et Patrick s'est réveillé, dans le noir, tout seul!

C'était une situation très étrange, qui ne ressemblait à rien de ce qui était arrivé à Patrick auparavant. Les sentiments et les "soucis" de Patrick étaient également différents de tout ce qui était arrivé avant.

Ce nouveau sentiment de peur du noir était plus gênant que la fois où il a dit ses premiers mots, qui étaient "Mama", "Dadda" et A - a - A g g i e qui est la façon dont Patrick a dit "Margy", le nom de sa grande sœur.

Cette fois-là, lorsque Patrick a prononcé ses premiers mots, sa Grand-mère Landry et son Oncle Joel étaient là à l'écouter, ce qui a ajouté à l'inquiétude de Patrick.

Mais à sa grande surprise, tout le monde a applaudi et a dit "Hourra!".

Bien sûr, cela a aussi rendu Patrick si heureux qu'il a complètement oublié son inquiétude et sa peur.

Une autre fois, le Papa et la Maman de Patrick l'ont emmené avec sa sœur Margy au zoo de la ville.

Ils sont entrés pour voir les éléphants, et Patrick a été Surpris et effrayé lorsqu'un énorme éléphant a pris une pelle de paille dans sa trompe et l'a fait tomber par-dessus la clôture.

L'énorme botte de paille aurait pu tomber juste au-dessus de la tête de Patrick, mais Papa a sauté et a soulevé Patrick juste à temps. Papa avait contribué à faire disparaître les soucis de Patrick, qui se sentait en sécurité.

Même la fois où un gros chien du parc a essayé de lécher le visage de Patrick, ce dernier a eu peur et a éprouvé de gros sentiments d'inquiétude et de peur.

Mais, ces sentiments et ces inquiétudes n'étaient pas aussi graves que la peur du noir. Lorsque le gros chien a léché le visage de Patrick partout et lui a fait peur, sa maman et son papa étaient là pour le sauver.

Papa a rapidement éloigné le chien et maman a utilisé une lingette pour que Patrick se sente mieux et qu'il soit excité d'être au parc.

Ainsi, tant que maman et papa étaient toujours là pour l'aider, Patrick se sentait en sécurité, en un rien de temps.

C'est pourquoi, cette fois-ci, à minuit le 12e jour du 12e mois, en l'absence de maman et de papa, la découverte de Patrick concernant l'obscurité était si inquiétante.

L'obscurité était partout ; et tout était complètement calme, contrairement aux autres fois où il s'est réveillé le matin.

Pire encore, la lampe de chevet de Patrick ne brillait pas comme d'habitude.

Mais le pire, c'est que Patrick n'arrivait pas à trouver la raison pour laquelle il était réveillé alors qu'il faisait encore nuit, ce qui était très perturbant.

Lorsque Patrick s'est réveillé à minuit du 12e jour du 12e mois, qui était aussi officiellement le matin, tout ce qu'il pouvait voir dans sa chambre était l'obscurité.

Il n'y avait pas de soleil qui brillait à travers sa fenêtre comme il le faisait habituellement pour le réveiller chaque jour.

Il n'y avait pas d'odeurs joyeuses qui flottaient normalement dans sa chambre lorsque sa mère préparait le petit déjeuner, et qui le réveillaient, et le faisaient se sentir heureux et spécial.

Il n'avait même pas entendu sa grande soeur, Margy, l'appeler et lui dire qu'elle mangerait toutes ses céréales s'il ne se réveillait pas, et qu'il devait descendre tout de suite pour le petit-déjeuner.

Cette fois, comme rien ne se passait pour réveiller Patrick, et comme la seule chose que Patrick pouvait voir dans sa chambre était l'obscurité, Patrick s'est senti si inquiet et effrayé, que tout ce qu'il pouvait faire était de pleurer.

D'abord, sa lèvre inférieure est sortie, puis ses deux petits sourcils ont commencé à se rejoindre. Puis, tout son visage s'est transformé en un terrible froncement de sourcils, et enfin, Patrick a crié d'un long et fort "Boo-hoo-hoo".

Bien sûr, ces pleurs terribles ont réveillé la grande sœur de Patrick, Margy, dont la chambre était juste à côté de celle de Patrick.

Margy a mis sa robe de chambre, est sortie dans le couloir sombre et a ouvert la porte de Patrick. Toujours en train de bailler, elle dit : "Patrick, tu m'as réveillée." Mais, tout ce que Patrick a pu faire, c'est s'asseoir dans son lit, pointer vers sa fenêtre et dire : "Sombre ! Sombre ! Sombre"!

Puis, il s'est mis à pleurer de nouveau.

Margy est restée là un moment, essayant de penser à quelque chose à dire.

Papa et maman lui avaient appris qu'il était important de parler des choses et de communiquer pour résoudre les problèmes et s'entendre avec les autres.

Comme il faisait si sombre, elle s'est dirigée lentement et prudemment vers le lit de Patrick et s'est assise à côté de lui. Elle a mis son bras autour de Patrick pour le réconforter.

Puis, d'une voix très adulte d'enfant de cinq ans et demi, elle dit : "Patrick, n'a pas peur du noir. Le noir, c'est quelque chose dans lequel on dort, comme une bonne couverture chaude ou un sac de couchage doux et moelleux. Si nous n'avions pas l'obscurité, il serait difficile de dormir."

En entendant ce que Margy disait, Patrick a finalement arrêté de pleurer.

Il avait écouté Margy et réfléchissait maintenant à ce qu'elle avait dit. Cela a pris un peu de temps, mais Patrick a décidé que cela avait du sens.

Il s'est dit : " Dans le noir, c'est sûr que c'est plus facile de dormir ", puis il a décidé que le noir n'était pas un problème.

Patrick a fait un grand sourire à Margy, même si elle ne pouvait pas voir son sourire dans le noir.

Il a essuyé ses larmes, a remonté ses couvertures, juste sous son menton, et en un rien de temps, il s'est rendormi joyeusement.

Selon les meilleures estimations, cela s'est produit à 0 h 12 le 12e jour du 12e mois, juste avant le deuxième anniversaire de Patrick.

Margy est retournée dans sa chambre avec de bons sentiments, et était heureuse que Patrick ait pensé à ce qu'elle avait dit et ait accepté.

Margy remonte les couvertures juste sous son menton et se dit : " Après tout, n'est-ce pas à cela que servent les grandes sœurs?

Si Patrick n'avait pas de grande soeur, il devrait tout découvrir par lui-même. Ou alors, pleurer plus longtemps, et réveiller papa et maman."

Margy s'est rapidement et joyeusement rendormie, mais ce qu'elle n'avait pas remarqué en retournant dans sa chambre, c'est que maman et papa y étaient aussi retournés.

Les pleurs de Patrick avaient fait se réveiller maman et papa après tout, mais ils n'étaient pas contrariés par les pleurs de Patrick.

Même s'ils n'avaient pas pu entendre tout ce qui s'était passé, ils se sentaient très heureux et fiers parce qu'ils pensaient que Margy et Patrick avaient travaillé ensemble pour résoudre un problème!

Alors, après que maman et papa se soient recouchés, ils ont rapproché les couvertures, se sont embrassés pour la deuxième fois et ont dit : "N'est-ce pas à cela que servent les frères et les sœurs?".

Bientôt, ils se sont rendormis paisiblement.

Après cela, maman et papa étaient si heureux et prodigues de la façon dont leurs enfants avaient travaillé ensemble et résolu un problème, qu'ils se sont assurés que toute la famille le sache aussi.

Et, comme on peut s'y attendre, Patrick a eu une fête d'anniversaire de deux ans particulièrement merveilleuse, avec beaucoup de gâteau et au moins 12 cadeaux.

EPILOGUE

Maintenant, chaque fois que quelqu'un, y compris Grand-mère Landry ou Oncle Joel, demande à Patrick : "As-tu peur du noir?" ;Sais-tu ce que Patrick répond?

Bien sûr, tu le sais!

Il dit qu'il n'a pas peur du tout.

Il montre juste la fenêtre, prend une grande inspiration, et avec une voix d'enfant de deux ans très adulte, dit, "Sombre là bas, bonne nuit."

De plus, si Margy est là, elle sourit et dit : "L'obscurité est quelque chose dans laquelle vous dormez, comme une belle couverture chaude."

Et, si Papa et Maman sont là, ils sourient très fièrement, et font à chacun de leurs enfants un très gros câlin, avec plein de bisous.

Le meilleur de tous, et pour toujours et à jamais, ils sont tous d'accord : "Oui, le noir est quelque chose dans lequel vous dormez, et vous n'avez rien à craindre du tout."

La fin

www.ingramcontent.com/pod-product-compliance
Lightning Source LLC
Chambersburg PA
CBHW061121170426
43209CB00013B/1626